AF242269
F 27 n
22848

SAINT SAULVE

SAINT SAULVE

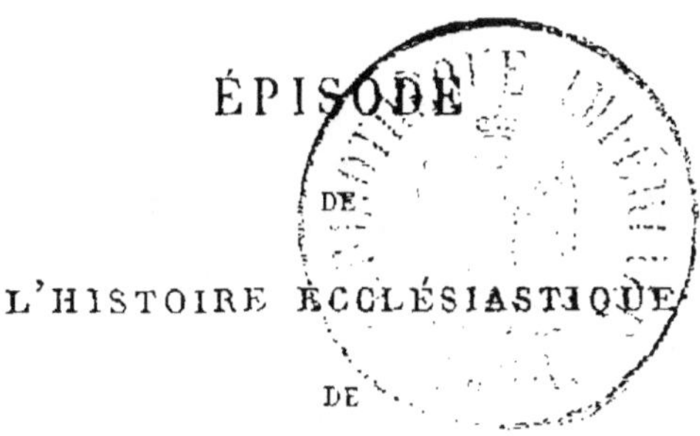

ÉPISODE

DE

L'HISTOIRE ECCLÉSIASTIQUE

DE

VALENCIENNES

AU VIIIe SIÈCLE.

VALENCIENNES

IMPRIMERIE DE E. PRIGNET, LIBRAIRE-ÉDITEUR

MDCCCLXV.

SAINT SAULVE

§ Ier.

Saulve et Supère viennent à Valenciennes.

En l'an 798, sous le règne de Charlemagne, arrivait à Valenciennes un étranger dont l'extérieur commandait le respect. Sa taille élevée, sa figure céleste ravissaient tout le monde. Il allait à travers les rues de la cité avec un homme qui semblait être le fidèle compagnon de ses courses apostoliques. C'était Saulve et son disciple Supère, qui venaient visiter les sanctuaires du pays, honorer les reliques des saints, exhorter les peuples à la vertu, et étendre le règne de Jésus-Christ.

Nos pères prirent les deux nobles pélerins pour des envoyés célestes ; depuis quelque temps, ils demandaient à Dieu dans de ferventes prières un homme apostolique qui pût raviver leur foi, les préparer au jour du jugement dernier qu'ils croyaient prochain, et achever enfin la conversion de toute la contrée (1).

Du reste Saulve et Supère relevaient l'idée que le peuple se formait d'eux, par l'éclat de leurs œuvres, par la puissance divine qui se manifestait en eux, et par ce

---

(1) Lorsque saint Saulve et son disciple vinrent à Valenciennes, l'idôlatrie superstitieuse des vieux Nerviens avait déjà fait place au culte du vrai Dieu. Les travaux apostoliques de saint Piat (martyrisé à Tournai, reposant à Seclin), de saint Chrysole (martyrisé à Verlinghem), et les prédications plus connues de saint Remy et surtout de saint Vaast (l'une des plus anciennes églises de Valenciennes, Saint-Vaast-hors-les-murs lui était consacrée) ; les exemples merveilleux de saint Eloi, de saint Ouen, de saint Amand, de saint Aubert avaient porté leurs fruits ; aussi compte-t-on déjà vers l'an 800, cinq églises à Valenciennes, savoir :

Saint-Gilles, fondée en 567. C'est la première et la plus ancienne église de la ville ;

Saint-Vaast-hors-les-Murs, fondée en 680 ;

Saint-Jean (place Saint-Jean) » 690 ;

Saint-Géry (place Saint-Géry) » 690 ;

St.-Nicolas (petite place Verte) » 750 ;

et dans les environs de Valenciennes s'élevaient des abbayes qui sont restées justement célèbres dans l'histoire de nos contrées.

prestige que Dieu sait toujours donner à ses saints. Aussi, bientôt le peuple vint en foule pour les entendre; ceux que la grâce du christianisme n'avait point encore convertis se sentaient attirés par ces hommes vénérables, et les chrétiens s'agenouillaient sur leur passage, recueillant avec respect leurs paroles et leurs bénédictions.

Les gens de Valenciennes ne pouvaient se lasser d'admirer la charité de cet évêque qui venait, pour eux, des riches provinces de l'Aquitaine, après avoir abandonné les grandeurs d'un siége épiscopal.

C'était dans les églises que Saulve touchait les cœurs. Sa parole était onctueuse comme le miel et forte comme un torrent. On le voyait à l'autel avec les riches ornements dont lui avaient fait présent les peuples d'Aquitaine. Il portait avec lui des vases d'une beauté merveilleuse ; « *sa ceinture était d'or, de diamants et de pierres précieuses ornée..* » Il allait avec ces richesses « *non par amour des grandeurs de la terre, ni par cupidité, mais pour rehausser aux yeux des peuples la majesté des saints mystères* (1). »

Tout cela contribuait puissamment à féconder son apostolat ; aussi les historiens sont unanimes à attester

---

(1) *Hæc omnia secum ferebat, non pretii temporalis cupidine provocatus, sed divinum mysterium veneratus.* « *Prudentius Philipus.* » *Et Ghisbert :* « *Calicem aureum atque indumenta pretiosa, quæ ob mysteriorum dignitatem secum deferebat.* »

que ses prédications produisirent un bien immense pour le salut des âmes ; et Ghisbert affirme qu'il est, et qu'il doit être regardé comme l'apôtre de Valenciennes (2).

§ II

Saulve prêche à Brena.

Le saint évêque ne borna pas à Valenciennes ses courses apostoliques, mais il voulut les étendre encore dans les environs, désireux d'établir au loin le règne de Jésus-Christ.

A une demi-lieue de Valenciennes se trouvait un village « qui aurait pris de *Brennus* le nom de

---

(2) La ville de Valenciennes a toujours eu une dévotion marquée à saint Saulve. Voici ce que dit Simon-le-Boucq dans une note qui se trouve au bas de la planche représentant la maison de ville : « Les magistrats avaient une dévotion particulière et vénération pour saint Saulve. Ils le firent mettre sur la façade de la maison de ville avec saint Gilles, le regardant comme second patron de la ville, y ayant presché l'Évangile et y estant martyrisés ; et en 1481 ils demandèrent à Henri, évesque de Cambrai, et le supplièrent de donner une bulle pour tenir feste à garder le 26 de juin »

Brena (3). » Là s'élevait une église consacrée au glorieux saint Martin.

D'aussi loin que Saulve put apercevoir ce sanctuaire, levant les yeux au Ciel, il se mit à pleurer. « Mon fils, » dit-il à son disciple, je vois un trophée de gloire et un » signe de salut placés sous la protection de l'illustre » évêque et confesseur saint Martin, dont nous avons » entendu parler et que nous connaissons. Allons invo- » quer son appui, et peut-être, par son intercession, » trouverons-nous un endroit où Jésus-Christ daignera » nous recevoir dans son troupeau. »

Donc « *alla Saulve en l'église de saint Martin,* » et après avoir vénéré la sainte relique qui s'y trouvait « *et célébré messe, il demanda gîte pour lui et son disciple et prit réfection.* »

Lorsque le soir fut venu, Saulve « *revint à l'église, et fut toute la nuit en psaumes et oraisons louant Dieu par des hymnes et des cantiques.* »

Mais déjà les peuples voisins avaient été informés de la

----

(3) Suivant la chronique de Jacques de Guise, Bemus et Brennus, deux chefs gaulois très-fameux, seraient venus camper, l'un à Bru_ vilicum, nommé ainsi par Bremus, et appelé maintenant Beuvrages ; l'autre au lieu de Brena qui tient de Brennus, ce nom qu'il conserva jusqu'au temps de Charlemagne, mais qu'il a quitté depuis pour prendre celui du glorieux martyr saint Saulve. *(Jacques de Guise, édition Fortia),*

présence du saint évêque à Brena, ce qui fit que « *plusieurs qui avaient ouï la renommée du saint, accoururent
pour entendre sa parole douce et melliflue.* »

Saulve céda facilement aux désirs de ce peuple, et,
après les avoir nourris de la doctrine de Jésus-Christ,
« *il prit ses vêtements pour célébrer messe.* »

§ III

La première pensée du crime.

Quand Saulve eut terminé l'oblation des saints mystères, il voulut prendre quelque nourriture. « *En ce
temps-là, dit d'Oultreman, un certain Génart était,
selon quelques-uns, prévôt de la ville de Valenciennes;
tous les anciens l'appellent procureur du fisc, c'est-à-
dire commis sur le domaine du roy. Par conséquent, il
avait toute puissance au village de Brena et y tenait
maison, quoi que sa résidence ordinaire fût à Beuvrages, qu'on disait lors Brivilicum* (1). » Ce Génart

---

(1) D'après toutes les chroniques, Saulve aurait prêché et dit la
messe à Brena le jour de Pâques 798.

pria le saint de vouloir bien prendre chez lui « *sa réfection.* »

Saulve exauça cette demande ; il était heureux de
pouvoir profiter de cette circonstance pour fortifier la foi
d'un homme dont l'exemple pouvait avoir beaucoup d'in-
fluence sur tout le pays. Il se rendit donc chez le prévôt
Génart, qui le « *festoya.* »

Or, tandis qu'on dînait, vint Winegard, fils de Génard.
C'était, dit Ghisbert, un jeune homme léger dans ses
habitudes, hautain dans ses manières et adonné à tous
les vices. Winegard avait vu briller sur l'autel le calice,
la patène et les autres vases en or qui servaient au sacri-
fice ; toutes ces richesses avaient excité sa cupidité et il
n'attendait plus qu'une occasion favorable pour s'emparer
de ces trésors.

§ IV

Le guet-apens.

Cette occasion ne tarda pas à se présenter. Car après
avoir béni le peuple une dernière fois, Saulve reprit sa

route vers Condé (1). Quelques chroniqueurs affirment qu'il était sorti de Valenciennes dans cette intention, et qu'il n'avait été à Bréna qu'accidentellement, pressé par le désir d'y vénérer les reliques de saint Martin.

A une petite distance de Condé s'élevait un monastère très-célèbre, dont le sanctuaire était dédié à la bienheureuse Vierge Marie. C'est là que Saulve voulait aller.

Le saint évêque ne tarda pas à arriver auprès d'un ruisseau nommé Buntion (2). Ce cours d'eau suivait jusqu'à l'abbaye les contours sinueux d'une petite montagne. Saulve venait de le traverser lorsque se présenta Winegard « *toujours en questre de deniers pour furnir à ses*

---

(1) Il y avait tout près de Condé une riche abbaye dédiée à la glorieuse Vierge Marie. C'est là que se trouvait le corps de saint Wasnon, dont les nombreux miracles illustraient tout le pays — (Balderic). — Suivant Broudeheou, saint Wasnon aurait commencé à bâtir à Condé une église ou oratoire en l'année 633, et il y serait mort vers l'an 650.

(2) Quel était ce ruisseau que les vieilles chroniques appellent « Buntion? » Il est à noter que la légende ne dit pas que saint Saulve ait passé l'Escaut; or il n'y a sur la rive droite, entre Valenciennes et Condé, qu'un seul cours d'eau à qui ce nom puisse convenir, la Hayne. Mais peut-on croire que l'assassin Winegard ait été si loin attendre le prélat pour le ramener ensuite prisonnier à son château de Beuvrages? (Cellier).

C'est là peut-être une difficulté, mais on comprend que les accidents de terrain aient pu changer.

débauches. » Dans sa fourberie méchante, le fils de Génart avait profité d'un accident de terrain pour se cacher avec ses hommes, et attendre le saint sans en être vu. Voilant son noir projet sous les plus trompeuses apparences : — De quel côté, dit Winegard, dirigez-vous vos pas ?

— Nous avons affaire, reprit Saulve, au monastère voisin, dédié à sainte Marie, et si Dieu le permet nous y arriverons.

— J'ai fait bâtir une église dans une terre qui n'est pas bien éloignée d'ici, ne pourriez-vous pas en faire la consécration ?

— Mon fils, suivant ma promesse, je dois d'abord visiter le sanctuaire de la Vierge.

— Mais, ne pourriez-vous pas retarder, en ma faveur, votre pélerinage ?

— Mon fils, il vaut mieux obéir à Dieu qu'aux hommes, laissez-moi donc accomplir mon vœu, avant de satisfaire vos désirs.

Le saint pressa le pas et voulut s'éloigner, mais ce n'était point là ce que voulait Winegard. Il fit signe à ses serviteurs qui s'emparèrent de Saulve et de son disciple.

§ V

Le château de Beuvrages.

Les gens de Winegard chargèrent de chaines les deux prisonniers. Winegard ravit au saint évêque, dit Du Chasteau, tout ce qu'il possédait. Sans respect pour ce qui est sacré à tous les titres, il s'empara du calice, de la patène ainsi que des ornements pontificaux, et il fit enfermer toutes ces richesses dans le château de Beuvrages (2).

Nous avons vu que Génart, père de Winegard, était prévost de la ville, et préposé au fisc royal pour l'empereur Charlemagne. « *En cette qualité d'officier du roy, il avait résidence ordinaire à Beuvrages avec prisons et geolliers.* » C'est dans les prisons de ce château que Winegard fit enfermer Saulve et son disciple.

(2) « Et lui ostèrent violemment tout ce qui sien estait et son calice et ses ornements. » *(Illustration de la Gaule-Belgique).*

§ VI

Les deux complices.

Tandis que l'on conduisait Saulve et son disciple dans les prisons du fisc, Winegard, effrayé de l'action sacrilège qu'il venait de commettre, accourait vers son père : « Mon fils, lui dit Génart en le voyant, qu'avez-vous donc et quel sujet vous ramène si précipitamment vers moi ? Auriez-vous donc à déplorer quelqu'accident ? » Winegard, prenant la parole, raconta à son père ce qui venait de se faire.

Au récit de cet attentat, Génart soupira profondément. « O mon fils, dit-il, comment avez-vous pu persécuter à ce point celui qui nous enseignait la voie du salut ? Dites, quels peuvent être vos desseins ? quel fut votre perfide conseiller ? et quelle pensée perverse vient d'armer votre main ? Vous avez mis le comble à nos iniquités ; et voici qu'elles vont nous accabler. Votre forfait retombera sur nos têtes avec les crimes de nos pères ; et il restera sur nous jusqu'à la troisième et quatrième génération. Oui, le sang innocent va retomber sur nous et sur nos enfants. »

Winegard parut ému de ces reproches. « Alors, dit-il, que ferai-je de Saulve et de son disciple? Les mettrai-je en liberté en leur rendant leurs richesses, ou les retiendrai-je dans la prison? » Génart parut interdit; rendre au saint la liberté, c'était s'exposer au châtiment, car il savait bien que le peuple et le glorieux empereur ne manqueraient pas de venger un attentat dont les serviteurs de Dieu avaient été la victime. « Mon fils, reprit-il, je ne sais quel conseil vous donner, et je n'ose prendre une détermination. »

Génart, en parlant ainsi, devenait complice du crime ; *car il devait savoir ce qu'il convenait de faire;* malheureusement la crainte de perdre sa dignité l'emporta, et il se rendit grandement coupable devant Dieu, en laissant les deux saints languir pendant trois mois dans les prisons de son château.

§ VII

Le martyre de Saulve et de son disciple.

Après cet entretien, Winegard prit congé de son père et revint au château de Beuvrages, son âme était partagée entre le remords du crime et la crainte d'être connu ; à son retour, il appela ses gens et tint conseil ; mais nul ne savait ce qu'il fallait faire en semblable occasion.

Cependant Saulve, dans sa prison, gênait Winegard.

D'un moment à l'autre son crime pouvait être découvert et il redoutait la colère de l'empereur et du peuple. Il résolut de sortir à tout prix de cette affaire.

Il fit donc venir le geôlier de sa prison, Winegaire, et il lui enjoignit de se rendre auprès de Saulve et de son disciple et de les tuer tous deux.

Winegaire fut effrayé, mais comme il connaissait les emportements de son maître, il sortit, se dirigea vers la prison dont il ouvrit la porte en tremblant.

Saulve était à cette heure en prières, et une lumière divine se réfléchissait sur ses traits. Le gardien crut voir un ange du Ciel et n'osa pas approcher. Vingt fois il essaya de rappeler son courage, vingt fois il recula épouvanté.

Tout à coup une voix vint l'appeler ; un frisson courut dans l'âme de Winegaire ; il ne se sentait ni la force d'exécuter sa mission, ni le courage d'affronter le visage irrité de son maître. Il fallait obéir ; Winegaire fit rouler sur ses gonds la porte du cachot, la referma sur Saulve non sans regret, et remonta pensif les marches de la prison.

— Eh bien, dit Winegard en l'apercevant, mes volontés sont-elles exécutées? comment justifies-tu le retard que tu as apporté à venir me rendre compte de ta conduite?

— S'il plaisait à Dieu d'éclairer mon séigneur Winegard, reprit le geôlier, il apprendrait combien Saulve est aimé de Jésus-Christ.

A ces mots, Winegard entra dans des transports de colère. — Mais alors qu'as-tu donc fait pendant toute cette nuit?

— S'il plaisait à monseigneur Winegard d'avoir pour moi quelque miséricorde, je pourrai lui dire ce qui s'est passé dans la prison.

— Parle donc, méchant serviteur, et ne retarde pas davantage ma vengeance.

Winegaire tremblant se mit à raconter ce qu'il avait vu. « Pour vous obéir, seigneur Winegard, je me rendis promptement à la prison, j'en ouvris les portes pour exécuter vos ordres au plus vite. Mais en entrant dans le cachot, j'ai senti faiblir mon courage. J'essayai cependant de vaincre mon effroi, et j'arrivai tremblant auprès de Saulve et de son disciple. Je préparais mon glaive d'une main mal assurée, quand je vis briller une lumière divine sur les traits de Saulve. Ma terreur augmenta, il me semblait que la terre s'entrouvait sous mes pieds; mes mains laissèrent tomber mon glaive, et mes bras énervés n'eurent plus assez de force pour exécuter vos ordres. »

Les paroles de Winegaire auraient dû convertir son maître ; et cette lumière céleste dont parlait le geôlier était une dernière faveur que Saulve avait demandée à Dieu pour ses bourreaux. Winegard fut insensible à cette grâce ; aussi dès lors sa colère et sa cruauté n'eurent plus de bornes : il promenait sur son serviteur des regards menaçants, et ses yeux étincelaient comme ceux du tigre prêt à dévorer sa proie. Winegaire, tremblant aux pieds de son maître, ne savait plus ce qu'il allait devenir. Tout-à-coup Winegard poussa un grand cri, un serviteur se présenta pour connaître ses volontés. « Va trouver avec ce lâche le magicien dont il vient de me raconter les paroles insensées et les ridicules actions. Fais en sorte qu'il exécute mes ordres au plus vite ; je vous le jure par le salut de mon père, si vous n'obéissez je vous ferai périr tous les deux dans les plus cruels supplices (1). »

Les serviteurs se retirèrent effrayés des menaces de leur maître, et ils se dirigèrent vers la prison. Cependant Saulve, averti par une révélation céleste de ce qui devait se passer, attendait la mort avec calme. A sa vue Winegaire, se rappelant la vision, hésitait de nouveau, mais son compagnon lui rappela l'ordre de Winegard son sei-

---

(1) Il les menoça « qu'il le occiroit ou feroit pendre par son col. » *(Illustration)*.

gneur, et « craignant son maitre , il frappa le saint homme et le tua. »

Le disciple de Saulve se trouvait dans un autre endroit de la prison. En entendant le bruit du glaive, il comprit ce qui s'était fait, et, tombant à genoux, les yeux remplis de larmes, il fit à Saulve cette prière : « Père saint, ne m'abandonnez pas à cette heure. » Dieu l'exauça, car les bourreaux s'avancèrent vers lui, et bientôt le maitre et le disciple étaient réunis dans un glorieux martyre.

§ VIII.

La prudence des méchants.

Rien n'est court comme la prudence des méchants, ils ne sont pas plutôt parvenus à exécuter heureusement leurs noirs projets, qu'ils se trouvent arrêtés par leurs succès mêmes.

Le crime était donc consommé ; Winegard ne pouvait plus en douter, un rayon de joie traversa l'âme du fils de Génart. Toutefois il comprit bien vite que tout n'était pas fait. Car d'un moment à l'autre on pouvait découvrir les corps des deux saints martyrs. Il fit donc assembler ceux de ses gens qui avaient pris part au crime. On résolut de cacher dans une étable les traces de l'attentat. Il ne vint pas à l'esprit de Winegard qu'on pût jamais aller rechercher en ces lieux les preuves de son forfait. On creusa donc une fosse profonde ; le corps de saint Saulve y fut jeté le premier, et, au-dessus, on plaça celui de son disciple, circonstance qui fit donner à ce dernier, dont le nom véritable est inconnu, celui de *Supère* (2).

Winegard s'était environné de mystère, il avait profité des ombres de la nuit pour faire transporter secrètement les cadavres de ses victimes, ceux dont il s'était servi avaient intérêt, comme complices, à garder le silence, il s'était donc assuré l'imputé (3).

____

(2) Supère, en latin *Superius*, qui veut dire « au-dessus. »

(3) « Et la place où le saint fut martyrisé était le château de Beuvrages auprès Valenciennes, et de l'étable où il fut enseveli on fit une église et est l'église dudit Beuvrages jusqu'à ce jour. » — (Wicart).

§ IX

Le doigt de Dieu.

Dieu est admirable dans ses saints, et quoi que fassent les méchants, le nom des bons ne saurait périr.

Dans l'étable où saint Saulve et son disciple avaient été déposés, se trouvait un taureau d'une grandeur extraordinaire ; c'était, dit la chronique, le gardien du troupeau. Ce fut lui que Dieu chargea du soin de manifester, à la fois, le crime des assassins et la sainteté des victimes. Nuit et jour cet animal veillait sur l'endroit où reposaient les deux corps. « *Tellement qu'il n'y avait homme ni* » *femme qui l'osât approcher. Quand les gardes vou-* » *laient aller vers l'endroit où reposait le sacré dépôt, le* » *taureau y résistait tant des cornes comme des pieds.* » Il savait se faire respecter des autres animaux ; il les forçait de reculer et de se tenir respectueusement à quelque distance.

On admirait encore avec quelle sollicitude il entretenait la propreté en cet endroit ; il ne pouvait y souffrir, même un instant, ce que le vent ou le hasard pouvait y apporter d'immondices. Jamais il ne prenait de repos avant que tout fut « net et nettoyé. »

Le bruit du prodige commençait à se répandre, lorsqu'il plut à Dieu de faire éclater davantage encore, la gloire des saints martyrs.

Il y avait au village de Beuvrages une bonne vieille femme « *soigneuse autour de sa maison,* » ce qui la forçait à travailler quelquefois assez tard dans la nuit. Cette femme avait nom Rasvera. Une fois donc qu'elle veillait parce que la tempête grondait, « *jetant les yeux sur l'étable de Winegard qui joignait son jardin, elle la vit toute resplendissante, d'où s'étant approchés* » elle vit que cette lueur venait des cornes du taureau qui brillaient comme des lampes d'une admirable clarté, et qui répandaient assez de lumière pour qu'il fît, dans l'étable, aussi clair qu'en plein jour.

Effrayée de ce prodige, elle courut bien vite réveiller ses gens ainsi que ses voisins, les priant de venir reconnaître le miracle. Le même spectacle s'offrit à leurs regards étonnés, et tous ces témoins se dirent les uns aux autres : le doigt de Dieu est ici.

§ X

La vision de Charlemagne.

Là ne devait pas s'arrêter le soin que Dieu mettait à glorifier ses saints. Car tandis que tout cela se passait à Beuvrages, un ange apparaissait à Charlemagne. Le messager céleste lui faisait savoir au nom de Dieu « qu'il avait à envoyer à Valenciennes pour » *enquérir avec soin de l'endroit* où reposaient les martyrs Saulve et son disciple.

A son réveil, Charles se demanda s'il avait eu réellement une vision, ou s'il était sous l'illusion d'un rêve ; car il ne comprenait rien aux ordres qu'il venait de recevoir. Dans le doute, il crut prudent d'attendre. La nuit suivante, l'ange lui apparut de nouveau, il lui redit les mêmes paroles que la veille, et il lui enjoignait de partir sur-le-champ. Cependant Charles hésitait encore. L'ange revint pour la troisième fois. «Très-illustre Charles, dit-il, chef et prince des armées de Dieu, je suis venu déjà et prier par deux fois de faire de diligentes recherches touchant l'endroit où repose les corps de Saulve et de son disciple, tous deux grands serviteurs de Jésus-Christ. Pourquoi donc n'écoutes-tu pas ma voix ? Hate-toi à cette heure, fais assembler les grands de ton empire en conseil, exécute les ordres du Ciel, tu n'a pas coutume de tarder si longtemps à obéir. Va donc, car ces martyrs sont puissants auprès de Dieu ! »

A la première aurore, Charles fit assembler les grands de sa cour, il leur raconta ce qui venait de se passer. — « C'est la volonté de Dieu, leur dit-il, je le sais, allez donc au fisc de Valenciennes, recueillez soigneusement tout ce que l'on sait dans le pays sur le martyre de saint Saulve et de son disciple, dans vos perquisitions vous n'oublierez pas une ville, pas un bourg, pas un village, ceci est l'ordre du Très-Haut, et quand la vérité sera connue, j'irai moi-même venger l'outrage fait à Dieu dans ses saints. »

§ XI

L'enquête. — Punition des coupables.

Les grands du royaume furent très-heureux d'exécuter les ordres de leur maître. Charlemagne était alors dans tout l'éclat de sa puissance, et l'empire de sa vertu le servait encore mieux que le prestige de sa gloire. Ce fut vers le mois de septembre 801 que les envoyés de l'empereur arrivèrent à Valenciennes.

On ne fut pas étonné de leur présence, car partout on racontait le miracle de Beuvrages. On ne s'entretenait plus dans toute la contrée que de l'étable de Winegard, de Rasvéra et du taureau dont les cornes répandaient une admirable lumière.

Les officiers de Charles comprirent bien vite qu'il leur serait facile de connaître les coupables ; toutefois, ils voulurent procéder juridiquement. Ils firent donc dresser un tribunal au milieu d'une vaste plaine, et ils appelèrent en témoignage les tribuns, les centurions et les juges de toute la ville.

Une foule immense assistait aux enquêtes ; le peuple et le magistrat n'avaient qu'une voix pour accuser le prévôt de la ville. « Licteurs, dit l'un des seigneurs, qu'on appelle Génart. » Le prévôt vint ; ses traits étaient altérés, le remords et la crainte avaient écrit le crime sur son front. — « Génart, lui dirent les seigneurs, que savez-vous de Saulve et de son disciple ? » Le prévôt se tût et feignit d'ignorer ce qui s'était passé. « Ce peuple affirme que vous avez reçu le saint évêque, le jour de Pâques ?

— Oui, reprit Génart, Saulve voulut bien prendre chez moi quelque nourriture ce jour-là.

— Et alors qu'est-il advenu ?

— Saulve sortit, se dirigeant vers Condé, j'ignore le reste.

— Par le salut de notre maître, si vous ne dites la vérité, nous allons vous faire infliger la peine que vous méritez? — Que se passe-t-il à votre château de Beuvrages? Génart baissa les yeux; il ne pouvait dissimuler plus longtemps. — Très-nobles seigneurs, ces prodiges sont vrais, et je confesse que la justice de Dieu connaît mieux les coupables que la justice des hommes. Je prie Notre Seigneur Jésus-Christ qu'il prenne en sa protection mon fils Winegard et son serviteur Winegaire. »

A ces mots les seigneurs donnèrent l'ordre d'arrêter Winegard et Winegaire; et après avoir fait mettre en prison les trois coupables, ils envoyèrent un message à Charlemagne pour lui faire connaître le résultat de leur mission. Au récit du crime de Beuvrages, Charlemagne fut indigné : « Par le salut de mon âme, dit-il, je vengerai l'outrage fait à Dieu dans ses saints, et il ne sera pas dit plus longtemps qu'un homme, fut-il libre, fut-il esclave, transgresse impunément les lois de Dieu. » Le pieux monarque vint donc à Valenciennes; il manda les accusés à son tribunal; en sa présence Winegard confessa sa faute sans rien dissimuler. Les trois coupables furent condamnés à perdre la vue.

§ XII

La fontaine de Saint-Saulve.

La justice humaine étant satisfaite, Charlemagne voulut témoigner de sa vénération pour les saints martyrs. Il assembla donc bon nombre d'évêques, réunit le clergé des alentours, et enjoignit aux diverses abbayes de la contrée d'envoyer à Beuvrages des représentants. Lui-même s'y rendit avec sa suite.

Une foule immense était accourue par vénération pour saint Saulve et son disciple.

En présence de tous ces témoins, on fit la levée des corps saints, on les para d'ornements magnifiques, on les déposa sur un chariot fait exprès et on attela des bœufs richement équipés. Charles donna le signal du départ. On voulut transporter les saintes reliques à l'église de Saint-Vaast-hors-des-Murs ; mais Dieu rendit les corps si pesants qu'il fut tout-à-fait impossible de les mouvoir. Ce prodige fit croire que les saints ne voulaient pas aller reposer en ce lieu ; pour lors, on essaya de diriger le char vers l'église de Sainte-Pharaïlde, à Bruai (1). Mais au moment où le conducteur aiguillonnait les bœufs pour les mettre en marche, l'un d'eux, dans sa résistance, fit jaillir d'un coup de pied une source qui depuis n'a jamais cessé de couler (2). A la vue du miracle, les évêques dirent au roi : « Il nous semble que Dieu ne veut pas pas faire reposer en ces lieux les corps des saints martyrs. Qu'on laisse donc aller les bœufs, et la main de Dieu les conduira, ils iront tout seuls à l'endroit choisi par Saulve et son disciple, et ainsi, sous la protection de nos saints patrons, nous arriverons à notre but. »

On fit ce que voulaient les prêtres du Seigneur. Aussitôt les bœufs s'élancèrent avec une telle rapidité, qu'il fut impossible au peuple de les suivre. Dans leur course rapide, les bœufs avaient franchi la distance qui sépare Beuvrages de Bréna, et ils s'étaient arrêtés devant l'église de Saint-Martin, où Saulve avait dit la messe et prêché pour la dernière fois (3). On comprit qu'il fallait déposer

---

(1) Le village de Bruai est donc très-ancien, puisque déjà en l'an 800 il avait une église dédiée à sainte Pharaïlde. On croit que cette sainte vint habiter quelque temps cet endroit.

(2) On voit encore hors du village auprès du château dit « *de la Poussière* » ce puits, maintenant encombré de ronces et de plantes parasites, mais toujours connu sous le nom de « *Fontaine Saint-Saulve.* » — (Cellier).

(3) On trouve encore à Saint-Saulve, dans la salle de la mairie,

en ce lieu les saintes reliques, et les prêtres les descendirent du char, tandis que le peuple chantait des hymnes et des cantiques. Dès ce moment, le village échangea son vieux nom contre celui de Saint-Saulve, qu'il porte encore aujourd'hui (4).

§ XIII

La puissance de saint Saulve.

Ce fut le 15 octobre de l'an 801 qu'eut lieu à Beuvrages

---

un assez grand tableau sauvé de la ruine de l'ancienne abbaye. Il porte cette légende dans le haut du cadre : « *Procession à laquelle assista l'empereur Charlemagne en l'honneur de l'arrivée des reliques de saint Saulve dans la commune de ce nom , le 15 octobre 801.* »

Charlemagne suit à pied le char traîné par les bœufs..... derrière lui marche un groupe d'évêques et d'abbés.

(4) « Et fut enseveli devant le grand autel comme montre encore un marbre au pardevant de la dite église, contenant la figure du martyre du dit saint Saulve et de son disciple. » — (Wicart).

l'élévation du corps du saint évêque d'Angoulême et de son compagnon (5).

Cette cérémonie constituait alors une sorte de canonisation.

L'empereur, « *grandement esjouy* » de tout ce qui s'était passé, fit élever, attenant à celle de Saint-Martin, une église qu'il dédia à saint Saulve et aux apôtres Pierre et Paul ; et pour veiller à la garde des pieuses reliques, il plaça six chanoines et un prieur (1), à qui, pour subsistance, il donna le tiers des revenus du fisc de Valenciennes. Ainsi fut fondée, par Charlemagne, l'abbaye de Saint-Saulve (2).

---

(5) Le martyrologe de saint Saulve, rapporté par Molanus, porte au 15 octobre : « *Au port de Valenciennes l'élévation du très-précieux corps du bien-heureux sainct Sauve, martyr et évesque d'Angoulême.* »

(1) Ces chanoines séculiers furent remplacés en l'année 1103 par des religieux Bénédictins qui se trouvaient en l'église de Saint-Géry, à Valenciennes. (D'Oultreman, p. 415).

(2) Cette abbaye de Saint-Saulve fut la cinquième par ordre chronologique des abbayes environnant Valenciennes.

On y comptait :

1° L'abbaye d'Hasnon, fondée en 670 par Jean d'Hasnon et sa sœur Eulalie ;

2° L'abbaye de Crespin, fondée vers 680 par saint Landelin ;

La dévotion de Charles pour les deux saints martyrs était d'autant plus grande que de nombreux miracles s'opéraient à leur tombeau. L'empereur lui-même en fut témoin.

Parmi les seigneurs qui accompagnaient le monarque se trouvait un duc que le roi aimait beaucoup, mais qui était indigne de sa confiance; car ce seigneur avait frustré ses deux sœurs de leur part d'héritage. Celles-ci vinrent trouver Charlemagne et lui dirent : « O vous qui gouvernez après Dieu le royaume des Francs, vous dont la justice soutient tous les opprimés, prenez en pitié vos pauvres servantes, et ordonnez à notre frère de nous rendre la part de bien qu'il retient injustement. »

3° L'abbaye de Denain, fondée en 760 par saint Aldebert et par sainte Reine, son épouse;

4° La prévôté d'Haspres, fondée par Pépin, maire du palais, et qui reçut à son origine des religieux de Saint-Benoît;

Vient ensuite, par ordre de date, l'abbaye de Saint-Saulve,

La révolution a fait disparaître tous ces abbayes. Il ne reste plus une pierre qui puisse indiquer l'emplacement de la riche abbaye d'Hasnon; l'habitation de l'abbé de Crespin et le corps principal du monastère est converti en fabrique de sucre; il ne reste aucun vestige de l'abbaye de Denain; la maison du prévôt d'Haspres est convertie en ferme : on voit encore la tour de l'ancienne église du couvent. — Quant aux bâtiments de l'abbaye de Saint-Saulve, tout a disparu, le portail, dernier vestige, fut remplacé il y a dix ans environ; sur l'emplacement de l'ancienne abbaye s'élèvent les magnifiques bâtiments du pensionnat des Dames Ursulines.

L'empereur, touché de cette prière, fit venir le duc en sa présence, et, par toute sorte de bontés, il essaya de décider ce seigneur à rendre à ses sœurs ce qui leur revenait. Le duc s'y refusa sous prétexte qu'il ne leur avait rien pris. « S'il en est ainsi, répondit Charles, vous pouvez facilement vous justifier à mes yeux. Allez au tombeau de saint Saulve, et, sur ses reliques, jurez que vous ne possédez rien injustement. »

Le seigneur fit ce que Charles voulait. Il vint donc s'agenouiller au tombeau des martyrs, et, sans respect pour le serment, « *il jura par saint Saulve qu'il ne devait rien à ses sœurs.* »

« Aussitôt qu'il se fut parjuré, ses entrailles se déchi-
» rèrent ; des flots de sang s'échappèrent de sa bouche
» et de ses oreilles, et il tomba sans connaissance. Ses
» amis et ses domestiques l'emportèrent pour le secourir,
» mais il ne pouvait plus parler, et deux ou trois heures
» après, il expira.

» Cet événement inspira au peuple une crainte salu-
» taire, et depuis ce temps personne n'osa plus mentir,
» ni se parjurer dans ce lieu (3).

---

(3) Guise, traduction de M. Fortia.

§ XIV

Pénitence et pardon.

Les deux martyrs avaient prié pour leurs bourreaux; et cette prière devait retomber en bénédiction sur la tête des trois coupables.

Génart, dit la chronique contemporaine, en perdant les yeux du corps, avait gagné les yeux de l'âme, il s'enferma dans sa maison, et, après avoir vécu saintement dans la solitude le reste de ses jours, il mourut léguant tous ses biens, par testament, à l'abbaye de Saint-Saulve.

Winegard n'obtint pas moins de grâces, un jour, s'adressant à son frère Hisimbord qui n'avait point pris part au crime, il lui dit : « Mon frère, que pourrai-je donc faire pour obtenir de Dieu miséricorde? Par quel moyen me soustraire à la justice divine? — Mon frère, reprit Hisimbord, allez à l'Eglise où reposent les corps des bienheureux martyrs; peut-être que par leur intercession vous obtiendrez votre pardon. »

Winegard suivit ce conseil; il se fit conduire au tombeau de saint Saulve avant l'aurore, et là, se proster-

ʼnant la face contre terre, il se mit à prier avec crainte et tremblement. Winegard, se trouvant consolé, prolongeait sa prière, lorsque tout-à-coup la basilique parut s'ébranler, la crainte s'empara de lui, et ne sachant où il allait, il prit la fuite au hazard. La miséricorde divine le conduisit droit au monastère de Saint-Amand où Dieu lui accorda la grâce de faire pénitence pendant de longs jours.

Winegaire ne devait pas être oublié. Il avait coutume de venir répandre des larmes abondantes sur le tombeau de ses victimes. On voyait ce pauvre aveugle, se frappant la poitrine, éclater en gémissements et en sanglots, et demander aux étrangers le secours de leurs prières. Un jour donc qu'il se trouvait dans l'Eglise suivant sa coutume : « Homme de Dieu, dit-il s'adressant à saint Saulve, ayez pitié de moi, vous savez bien que je n'ai commis ce crime que par crainte de mon maître. Ecoutez donc aujourd'hui ma voix humble et suppliante, et daignez pardonner à votre pauvre serviteur l'attentat horrible dont il s'est rendu coupable envers vous. »

En parlant ainsi, Winegaire restait prosterné sur le tombeau du saint, sa voix était entrecoupée par les sanglots, et ses larmes étaient assez abondantes pour laver la pierre qui recouvrait les ossements sacrés. Saint Saulve eut pitié de son meurtrier, et Dieu lui rendit, à cette heure, l'usage de l'un de ses yeux ; « et depuis, ajoute l'auteur de la chronique contemporaine, je l'ai vu jusqu'à sa mort garder les troupeaux de l'abbaye de Saint-Saulve.

§ XV

La fête de Saint-Saulve.

L'auteur contemporain de l'histoire de la vie de saint Saulve nous apprend qu'il a vu des aveugles, des boiteux, des infirmes de toute espèce trouver guérison sur les tombeaux des martyrs. Aussi le pèlerinage devint-il célèbre dans toute la contrée. Chaque jour des milliers d'étrangers arrivaient pour demander à Dieu, par l'intercession des saintes reliques, les secours et les grâces dont ils avaient besoin pour l'âme ou pour le corps (1).

____

(1) En 827, le prêtre vénitien Georges, qui avait construit pour Charlemagne un orgue hydraulique et qui avait reçu de l'empereur en récompense le prieuré de Saint-Saulve, obtint d'Eginhart des reliques de saint Pierre et de saint Marcellin. Ces reliques, apportées par le diacre Théodard, furent placées avec honneur dans l'église de Saint-Saulve ; or voici d'après le même Georges les miracles qui s'opérèrent pendant l'octave de cette translation dans l'église de Saint-Saulve :

Un jeune homme du domaine royal qu'on nommait « les Estiennes, » guéri d'un spasme.

En l'année 1282, Raoul, prieur de Saint-Saulve, « *en-châssa les saints corps dans une fierte ou quaisse d'argent doré.* » Cette châsse figurait avec honneur à la grande procession du 8 septembre et formait, avec celles des autres saints du pays, le cortége de Notre-Dame.

Depuis le ixe siècle, toutes les générations avaient vénéré ces précieuses reliques, mais la révolution a dis-

La veille de la fête de saint Jean-Baptiste, guérison d'une femme aveugle.

Le 26 juin, fête de Saint Saulve, guérison d'un homme sourd et muet.

Le même jour, guérison d'une vieille aveugle de Laon.

Le 27 juin, guérison d'un enfant aveugle de naissance.

Le 28, guérison de Theotbalde, aveugle depuis trois ans.

Le même jour, guérison de Dado, paralytique de Petit-Pont.

Le 30 juin, guérison de l'aveugle Adabrade.

Le même jour, Ruoilla est guérie de sa cécité.

Le jour octave des apôtres Pierre et Paul, Gunthard est guéri d'une paralysie.

Le jour des nones de juillet, le jeune Reginlindis est guéri de sa cécité.

Le quatrième jour des ides de juillet, guérison de l'aveugle Ermeward.

Le viie jour des kalendes d'août, guérison d'une jeune fille possédée du démon. (Tous ces miracles sont relatés par Eginhart, auteur contemporain). — (Eginhart, tome 2).

persé toutes ces richesses. Il ne reste rien des bâtiments de la vieille abbaye ; l'église dédiée à saint Saulve fut détuite en 1795 ; les reliques de saint Saulve et de saint Supère furent jetées comme des objets inutiles ; « des » mains pieuses ramassèrent furtivement ces précieux » restes qui furent transportés à Valenciennes. »

Lorsque la liberté fut rendue au culte, on remit à M. le curé de Saint-Saulve deux petites châsses contenant des reliques avec cette inscription :

« *Reliques de saint Saulve,*

sauvées à la Révolution. »

Ces châsses, de forme ordinaire, sont recouvertes à l'intérieur de soie rouge ; les reliques sont reliées par des fils de soie, mais on ne rencontre aucune preuve d'authenticité. Il serait fort difficile maintenant d'arriver à la reconnaissance de ces ossements sacrés.

Heureusement, quelques débris restés authentiques son encore aujourd'hui conservés dans la petite église qui n'a point cessé de porter jusqu'à ce jour le vocable de Saint-Martin (1).

------

(1) L'église actuelle de Saint-Saulve n'est pas l'ancienne église où furent déposées par Charlemagne les reliques de saint Saulve et de saint Supère. Cette église est probablement de 1611, du moins c'est la date qu'elle porte sur la façade.

« A la mi-Carême, les cultivateurs des environs vont
» en grande dévotion invoquer saint Saulve dans un
» village, éloigné d'une demi-lieue de la ville, où il y
» avait autrefois une abbaye de Bénédictins. Ce pèleri-
» nage a pour but de prier, soit pour la guérison de leurs
» bestiaux malades, soit pour préserver de mal ceux qui
» sont en santé. On voit dans l'église la statue du saint,
» en marbre blanc, couché sur un cénotaphe entouré
» d'une grille (2). » Mais tout cela n'existe plus, et la
vieille église contenait fort peu de traces du glorieux
martyr (3). Aussi les habitants iront ils sans trop de
regrets à leur nouvelle église qui rappelle à nos contrées
par la magnificence vraiment royale qui la fit élever et
orner le souvenir du glorieux Charlemagne, fondateur de
la première église dédiée à saint Saulve.

---

(2) M. Desfontaines de Preux.

(3) On dit proverbialement : « *Allons à Saint-Saulve mette
l'pied au trau* (mettre le pied au trou). » Voici l'explication la
plus raisonnable que l'on ait donné de ce proverbe ;

Les pèlerins ont coutume de venir visiter le sanctuaire portant un
bâton au bout duquel se trouve un bouquet de buis. C'est un usage
reçu de faire toucher le bouquet à la statue du saint ; or pour arriver jusqu'à la statue, il fallait monter sur un petit mur ; le nombre
des pèlerins avait usé peu à peu ce mur et y avait creusé un petit
trou ; c'est dans ce trou qu'on mettait le pied, de là le proverbe :
« *Mettre le pied au trou.* »

NOTES

A.

Les manuscrits ne manquent pas sur le martyre de saint Saulve. Voici ceux qui se trouvent à la bibliothèque publique de Valenciennes :

Manuscrit N° 471.

Sous ce N° du catalogue publié par M. Mangeart, se trouve inscrit un manuscrit ayant pour titre :

« *Les cinq livres des légendes des saints.* »

Ce manuscrit provient de l'abbaye de Saint-Amand. C'est au N° 14, page 74, que commence le récit du martyre de saint Saulve, sous ce titre :

« *Passio sancti Salvii martyris.* »

Ce manuscrit, l'un des plus riches de ceux que possède la bibliothèque de Valenciennes, donne le texte d'une légende contemporaine ; l'auteur dit avoir vu le berger Winegaire gardant les troupeaux de l'abbaye de Saint-Saulve. » L'origine très-reculée de ce manuscrit, la manière dont on y rapporte les détails du martyro, tout cela donne à cette légende une valeur que nul ne peut songer à contester.

Manuscrit N° 483.

« Catalogue et actions des prieurs de Saint-Saulve. »

En tête de l'ouvrage se trouve une magnifique gravure représentant saint Saulve et saint Charles, avec ces mots :

« Saint Saulve et saint Charles,
priez pour nous. »

Ce manuscrit est signé : *« Per dominum Theodorium Ghisbert dicti loci subpriorem anno 1602 lovaniensem. »* C'est ce manuscrit qu'a recueilli et continué D. Buvry, comme cela se voit à la page 40ᵉ. La vie de saint Saulve s'y trouve fort abrégée ; toutefois Ghisbert n'omet aucun détail important.

Manuscrit N° 583.

Manuscrit de Jean de Sainte-Barbe , dit Du Chasteau. — L'auteur des Annotations, Mémoires , Recueils, etc., reconte dans un style d'une naïveté charmante la chronique contemporaine.

Manuscrit N° 529.

Louis Fontaine dit Wicart. — Le livre de Wicart est déjà trèsprécieux en lui-même ; mais il acquiert un nouvel attrait dans la légende de saint Saulve , « parce que, dit-il, il a trouvé touchant cette affaire un bien vieux livre , écrit à la main , mot à mot comme il souffrit. »

Manuscrit N° 577.

Le manuscrit de De Guise reproduisant la chronique contemporaine.

Manuscrit N° 580.

Illustration de la Gaule-Belgique. — A la page 190 commence la légende de saint Saulve.—Ce manuscrit est incontestablement l'un des plus beaux de la bibliothèque.

Nous ne ferons que mentionner les chroniques moins étendues : « Sigebert de Gembloux ; Eginhart, Balderic. »

On peut encore consulter sur ce sujet d'Oultreman ; Simon le Boucq ; Guillaume Gazet (26 juin); les Bollandistes (26 juin); Molanus, etc.

B.

Saint Saulve était-il évéque d'Angoulême ? Il n'est point contesté que saint Saulve ne vînt du pays d'Aquitaine (Sigebert de Gembloux ; Molanus ; Ghisbert, chronique contemporaine, etc.) Mais les chroniques sont partagées sur la question de savoir s'il était évêque d'Angoulême ou simplement évêque régionaire.

Pour l'affirmative. Le Martyrologe romain ; Molanus, Nat. Belg. — Ghisbert.

Pour la négative. Les Martyrologes de Liessies, d'Arras, de Tournai, le silence de plusieurs chroniques et même de la chronique contemporaine, qui est la plus importante.

En présence de ces autorités pour et contre, les Bollandistes nosent pas embrasser d'opinion ; cependant, en ne consultant que l'ensemble des chroniques, l'opinion qui soutient l'affirmative paraît plus probable ; l'autre opinion n'ayant que des autorités négatives. — Les Martyrologes ne disent pas qu'il était évêque d'Angoulême, mais ils ne disent pas le contraire.

C.

La nouvelle église de Saint-Saulve, fondée pour perpétuer le souvenir de MM. *Albert* et *Abel Hamoir*, fut commencée le 23 février 1863.

Cette église et son mobilier, en style caractérisé du xiiie siècle, ont été exécutés sur les plans et sous la direction de M. Dutouquet.

La beauté extérieure de cet édifice en fait l'un des plus beaux points de vue des environs de Valenciennes.

Mais c'est surtout à l'intérieur que l'on trouve à admirer. On s'est souvenu, à Saint-Saulve, que ceux qui ont les richesses, ne doivent pas compter avec Dieu et on a tout fait magnifiquement.

Le maître-autel avec ses bas-reliefs (la Cène et Melchisedech), avec ses clochetons élancés, avec ses trois statues (saint Martin, saint Saulve, saint Albert); les autels de la Sainte Vierge et celui des Patrons; le chemin de croix représenté dans les rosaces des quatorze verrières des bas-côtés, la verrière géminée de la chapelle de la Sainte Vierge (représentant saint Albert et saint Abel); celle en pendant dans la chapelle des Patrons (saint Saulve et saint Martin); le vitrail au fond du chœur (Jésus au milieu des docteurs); les verrières à droite et à gauche (la Nativité et l'Ascension); la verrière au-dessus de la porte de la sacristie, représentant saint Edouard en pied, portant dans ses bras l'église nouvelle; la verrière en pendant représentant sainte Melanie, portant l'asile de Saint-Saulve dans ses bras, et au-dessous des deux verrières le portrait du fondateur et de la fondatrice (suivant l'usage du moyen-âge et les priviléges accordés aux fondateurs d'église); la chaire avec ses splendides ornements, tous ces objets qui, resplendissant sous la fraîcheur et l'élégance des voûtes et vaisseau (au nombre de) portent naturellement à prier.